Dewa Tarot

D1704551

Dewa – Tarot®

Begleitheft zu den Tarotkarten

Vorwort

Seit Menschengedenken stellen wir uns die Frage nach dem warum und wohin mit unserem Leben.

Mit dem vorliegenden Dewa-Tarot ist für uns ein neuer Meilenstein in der Zukunftsdeutung gelegt worden.

Erstmals wurden die Seelenbilder des Tarot mit treffenden Deutungstexten kombiniert, so daß wir sofort mit den Karten arbeiten können.

Ich wünsche Ihnen viel Erfolg bei der Deutung Ihres Lebens.

Eberhard Porombka
Nürnberg, im Oktober 1999

Inhaltsverzeichnis

Einführung

Die Gewichtung der Tarotkarten

Anleitung zum Tarotkartenlegen

Bewährte Legearten

Arbeiten mit Pendel & Tarot

Weiterführende Tips

Fragen & Antworten (FAQ)

Wie funktioniert eigentlich Tarot?

Tarotkarten dienen uns als Werkzeug, mit dessen Hilfe wir unser Unter-/Seelenbewußtsein befragen können.

Auf welche Art Fragen erhalte ich eine Antwort?

Auf Fragen über die Entwicklung von Anschaffungen, Beziehungen, Ereignissen und der Persönlichkeit.

Ist es besser, die Karten selbst zu ziehen, oder jemanden zu bitten?

Wenn uns das Thema, um das es bei der Befragung geht, innerlich sehr bewegt, oder wir uns vor möglichen "negativen" Aussagen fürchten, ist es besser, jemanden seines Vertrauens zu bitten, das Auslegen zu übernehmen.

Wie zuverlässig sind die Aussagen?

Die Tarotkarten spiegeln uns eine Momentaufnahme der Ereignisse und Möglichkeiten zum Zeitpunkt der Befragung. Sobald wir uns bewußt mit der Deutung beschäftigen, ändern wir automatisch die mögliche Zukunft.

Woran erkenne ich, daß ich die "richtigen" Karten gezogen habe?

Wenn uns die Aussage tief im Herzen berührt. Dadurch bekommen wir das Gefühl, eine übergeordnete Wahrheit erfahren zu haben, mit der wir umgehen können, auch wenn sie von uns ein Umdenken erfordert.

Welches Legesystem nehme ich?

Am Anfang können wir mit allen uns bekannten Legearten experimentieren und werden so die für unsere Fragen am besten geeigneten herausfinden.

Kann man Karten nachlegen und gibt es eine Obergrenze dafür?

Es ist möglich, bis zu zwei weitere Karten auf der jeweiligen Position im Legesystem anzulegen, um weitere Facetten zur Deutung zu bekommen.

Wie bekomme ich eine einfache Ja/Nein Antwort auf meine Frage?

Während Tarotkarten einen Trend beschreiben, können wir bei Ja/Nein Fragen ein Pendel zu Hilfe nehmen. Im Kapitel über Arbeiten mit Pendel und Tarot erfahren Sie mehr darüber.

Was tue ich, wenn die Antwort für mich keinen Sinn ergibt?

Wenn Deutungen im Zusammenhang keinen rechten Sinn ergeben, liegt es in der Regel daran, daß wir beim Ziehen der Karten zu erregt, oder nicht wirklich zentriert waren.

Ist mit Tarotkarten eine genaue zeitliche Vorhersage möglich?

Da die Zukunft immer in Bewegung ist und wir alle die Freiheit haben, aus unseren Erfahrungen zu lernen, ist keine genaue Zeitangabe möglich. Es ist jedoch möglich, Tendenzen zu erfragen, die von einigen Tagen, bis zu etwa drei Monaten andauern können.

Kann ich bestimmte Personen mit den Tarotkarten erkennen?

Nein. Es ist jedoch möglich, Hinweise über die Absichten und den Charakter von anderen Menschen zu erfragen.

Bin ich durch die Deutungstexte des Dewa-Tarot nicht zu festgelegt?

Mit dem Dewa-Tarot bekommen wir das Beste aus der Bilderwelt des Tarot und der Welt der Deutungstexte. So erreichen wir die besten Ergebnisse.

Wie kommt es, daß zwei Personen auf die gleiche Frage verschiedene Karten ziehen?

Jeder Mensch nimmt die Welt mit einer anderen "Brille" wahr, so daß die jeweils gezogenen Karten genau für die jeweilige Sichtweise passen.

Wieso ziehe ich oft andere Karten zur selben Frage, wenn ich einige Zeit später nochmals lege?

Sobald sich die eigene Sichtweise, oder die an der Antwort beteiligten Personen u. Umstände ändern, ziehen wir andere Karten, die uns eine neue Dimension des Fragethemas zeigen.

Muß man besonders begabt sein, um gute Ergebnisse zu erzielen?

Nein. Je feiner jedoch unsere Intuition ausgebildet ist, desto leichter fällt uns die Deutung zwischen den Zeilen.

Die 22 Trumpfkarten

Das Herzstück der Tarotkarten bilden die 22 Trümpfe, die oft auch als große Geheimnisse bezeichnet werden.

Jede Trumpfkarte symbolisiert auf ihre Weise eine bedeutende Lernaufgabe und einen wichtigen Entwicklungsschritt auf dem Weg durch unser Leben.

Die Trumpfkarten 1–9 und 10–22 haben eine enge Beziehung zueinander, die sich uns erschließt, wenn wir die Quersumme aus den zweistelligen Zahlen bilden.

So weist die Quersumme des Trumpf Nr. 18 "Der Mond" (= $1 + 8 = 9$) auf den Trumpf Nr. 9 "Der Eremit" hin. In sich gehen und die eigene Seele zu erforschen = 9 kann uns die Lösung bringen für die Fragen, die "Der Mond" = 18 stellt.

Die 40 Elementekarten

Die Elementekarten symbolisieren die vier Elemente Feuer, Wasser, Luft und Erde und werden oft auch als kleine Geheimnisse bezeichnet.

Die Stäbe stehen für das Feuer in uns, die Energie, die uns voran treibt, um kraftvoll und kreativ zu handeln.

Die Kelche stehen für das Wasser in uns, die Gefühle und Empfindungen unserer Seele, die uns erfüllen.

Die Münzen stehen für die Erde in uns, unseren Erfolg im Leben und die körperlichen Empfindungen.

Die Schwerter stehen für die Luft in uns, unsere Gedanken und Ideen, die uns helfen zu lernen u. uns beflügeln.

Die 16 Hofkarten

Die Hofkarten symbolisieren neben den vier Elementen auch Stimmungen, Gelegenheiten und Charaktere.

Die Pagen stehen für Gelegenheiten, die auf uns zukommen.

Die Ritter stehen für Stimmungen, in denen die Dinge geschehen.

Die Königinnen und Könige stehen für bestimmte Charaktere.

Zusammengefaßt symbolisieren die 56 "kleinen Geheimnisse" meist kürzere Perioden von Ereignissen.

Hier bewahrheitet sich das alte Gesetz, wonach das einzige, worauf wir auf dieser Erde bauen können der Wandel aller Dinge und allen Lebens ist.

Vorbereitung

Um gute Ergebnisse zu erzielen, ist es sehr wichtig, sich soviel Zeit wie nötig zu nehmen, um zur Ruhe zu kommen und das Tor zur inneren Führung so weit wie möglich zu öffnen.

Eine mögliche Formel dafür ist:

"Im Namen meines göttlichen Ich Bin, bitte ich jetzt um höchste Führung, um die geeignete Frage zu finden und die passenden Karten zu ziehen."

Geeignete Fragen und Legearten finden Sie in der Beschreibung der Legearten.

Nachdem wir die Karten gut gemischt haben, können wir sie zum Ziehen entweder im Fächer ausbreiten, oder auch in der Hand auffächern.

Ziehen Sie jetzt die Karten für jede der Positionen Ihres Legesystems mit der größtmöglichen Gelassenheit.

	Alltagsfragen	Partnerschaft	Beruf	Zeitraum
Das Universalorakel	✓	✓	✓	kurzfristig
Das Entscheidungskreuz	✓	✓	✓	kurzfristig
Das keltische Kreuz	✓	✓	✓	mittelfristig
Das Partnerspiel	✓	✓		mittelfristig
Das Entwicklungsspiel				mittelfristig
Die Zeitqualität				bis 1 Jahr

Jetzt ist es soweit und wir decken die Tarotkarten auf, um mit der Deutung der einzelnen Karten zu beginnen.

Zum Schluß lassen wir die Karten auf uns wirken, um die Botschaft für unser Leben im Wesenskern zu erfassen.

Eigene Legesysteme

Für den Anfang werden Ihnen die drei Legearten aus dieser Anleitung sicher ausreichen.

Darüber hinaus können Sie natürlich jederzeit eigene Legearten entwickeln, oder die bestehenden erweitern.

Den Ausgangspunkt für ein eigenes System liefern uns unsere Fragen. Wir können, sobald wir die Frage kennen, die Antworten, die uns interessieren einfach auf die Deutungsplätze legen.

Weitere Hilfen finden Sie bei uns im Internet auf unserer Homepage.

Das Universalorakel

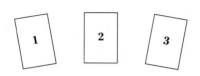

1 = jüngste Vergangenheit
2 = Gegenwart
3 = nächste Zukunft

Beispielfragen:

Wie steht Person "X" im Beruf/in der Beziehung/Freundschaft zu mir ?

Wie gut/kompetent/loyal/sicher ist Firma/Person "X"?

Wie läuft der heutige Tag?

Das Universalorakel

1 bis 3 = Trendverlauf von Vorhaben und Entscheidungen.

Beispielfragen:

Welches Auto/Grundstück/Kleid etc. ist das Beste für mich/uns?

Wie wird sich meine Partnerschaft/Freundschaft entwickeln?

Wie entwickelt sich das Vorhaben in der nächsten Zeit?

Wie geht es weiter, wenn ich "X" tue, bzw. "X" nicht tue.

Was kann ich ändern/lernen/tun, um die Situation zu meistern?

Das Entscheidungskreuz

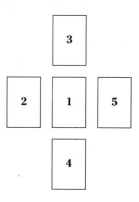

1 = Fragethema/Ausgangspunkt
2 = Vergangenheit/Ursache für (1)
3 = Das ist wichtig/zu tun/zu lernen
4 = Das ist jetzt nicht wichtig/zu tun
5 = Das bringt der nächste Schritt (3)

Das Entscheidungskreuz

1 bis 5 = Entscheidungshilfe, für alle Lebensfragen einsetzbar.

Beispielfragen:

Was ist jetzt wichtig / was ist zu tun?

– in meinem Leben
– in meiner Partnerschaft
– in meiner Freundschaft
– in meinem Vorhaben
– im Umgang mit Person "X"
– für meine berufliche Entwicklung
– für innere Ruhe und Zufriedenheit
– für meine geistige Weiterentwicklung

Tip:

Wenn Sie eine Karte in einer Ihrer Befragungen nicht verstehen, können Sie diese Karte an Nr. 1 legen und das Entscheidungskreuz befragen.

Das keltische Kreuz

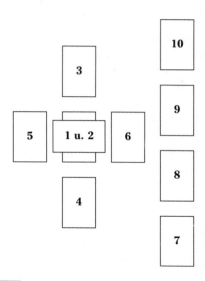

Das keltische Kreuz

1 = Fragethema / Ausgangspunkt

2 = hinzukommende Energie (+/−)

3 = bewußte Gedanken & Gefühle

4 = unbewußte Gedanken & Gefühle

5 = jüngste Vergangenheit

6 = nahe Zukunft (bis ca. 4 Wochen)

7 = die Einstellung der / des Fragenden

8 = Einflüsse von außen (+/−)

9 = Erwartungen der / des Fragenden

10 = fernere Zukunft (ca. 8–12 Wo.)

Vielseitig einsetzbar für Trendfragen

Beispielfragen:

Wie entwickelt sich mein Plan / meine Beziehung / die berufliche Situation ?

Was läuft in nächster Zeit allgemein in meinem Leben?

Arbeiten mit Pendel & Tarot

Die kombinierte Deutung mit dem Dewa-Pendel und dem Dewa-Tarot bietet uns 2 entscheidende Vorteile:

Während die Dewa–Tarotkarten eine Entwicklung beschreiben, können wir mit dem Dewa–Pendel Antworten auf Ja / Nein-Fragen bekommen und die Gegenprobe zur Tarotsitzung machen.

Wir können also die Qualität unserer Deutung enorm steigern, indem wir diese beiden Werkzeuge einsetzen.

Pendel-Kurzanleitung

Zunächst eichen wir das Dewa-Pendel, auf unser Unterbewußtsein, indem wir abwechselnd intensiv an Ja und Nein denken und beobachten, in welche Richtung unser Pendel zu schwingen beginnt.

Das Dewa-Resonanzpendel®

Funktionsweise

Durch die 2 Halteketten können wir beim Pendeln beide Hirnhälften nutzen und bekommen so die optimale Antwort unseres Unterbewußtseins.

In der Regel wird Ihr Pendel bei Ja vor und zurück und bei Nein links-rechts zur Seite schwingen.

Ab jetzt sind wir also in der Lage, auf jede Frage, die sich mit Ja oder Nein beantworten läßt unser Dewa-Pendel und damit unser Unterbewußtsein zu Rate zu ziehen.

Praxisbeispiele

Wenn es lediglich um eine konkrete Frage geht, die sich mit Ja oder Nein beantworten läßt, können wir ohne weitere Hilfsmittel Pendeln.

Wenn wir jedoch zwischen mehreren Möglichkeiten die Beste Wahl finden wollen, gehen wir am besten nach folgender, bewährter Methode vor:

1. Schreiben Sie die Möglichkeiten auf einheitliche Zettel.

2. Dann mischen Sie die Zettel und legen sie verdeckt vor sich hin.

3. Legen Sie zunächst 3 Karten für die Tendenz auf jeden Zettel.

4. Jetzt legen Sie nacheinander Ihre Zettel mit den 3 Karten vor sich hin und Pendeln.

5. Je nach Intensität des Ausschlags malen Sie auf die Rückseite des Zettels 1–3 (+ bzw. –) Zeichen.

6. Jetzt decken Sie Ihre Karten auf.

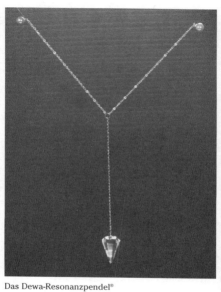

Das Dewa-Resonanzpendel®

Bestellung Dewa-Resonanzpendel®

Melomoon Verlag

Obstmarkt 8, 90403 Nürnberg

Tel. +49/(0)911/50 20 24

Preis: DM 49,80/€ 25

incl. Mwst plus DM 6.–/€ 3 Versand

Unsere Internetadresse lautet:

http://www.dewa-tarot.de

Dewa-Tarot im Internet

Das Zeitalter der Kommunikation hat begonnen und über das neue Medium Internet können wir uns jederzeit und überall austauschen und informieren.

Ab März 2000 können wir uns im Internet treffen und wir laden Sie herzlich ein, uns dort zu besuchen.

In unserer Homepage bekommen Sie:

- Umfassende Informationen
- Antworten auf Ihre Fragen
- Kontakt mit Menschen, die Ihre Interessen teilen
- Raum für Ihre Anregungen

Sollten Sie keinen Computer haben, so können Sie ein Internetcafe besuchen.

Unsere Internetadresse lautet:
http://www.dewa-tarot.de

Deutsche Ausgabe
© 1999 Melomoon-Verlag

Obstmarkt 8
90403 Nürnberg

Tel. +49(0)911/50 20 24
http://www.dewa-tarot.de
http://www.dewa-tarot.com